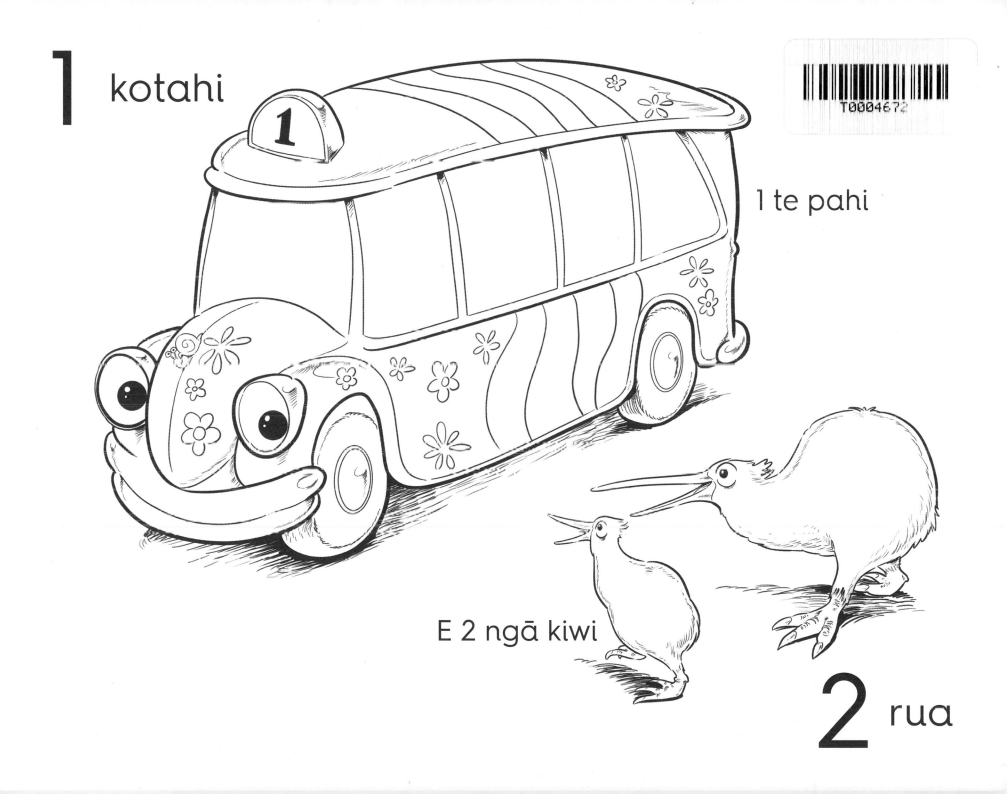

1 kotahi

1 te pahi

E 2 ngā kiwi

2 rua

3 toru

E 3 ngā moko-mata-reitoru
eke taraihikara

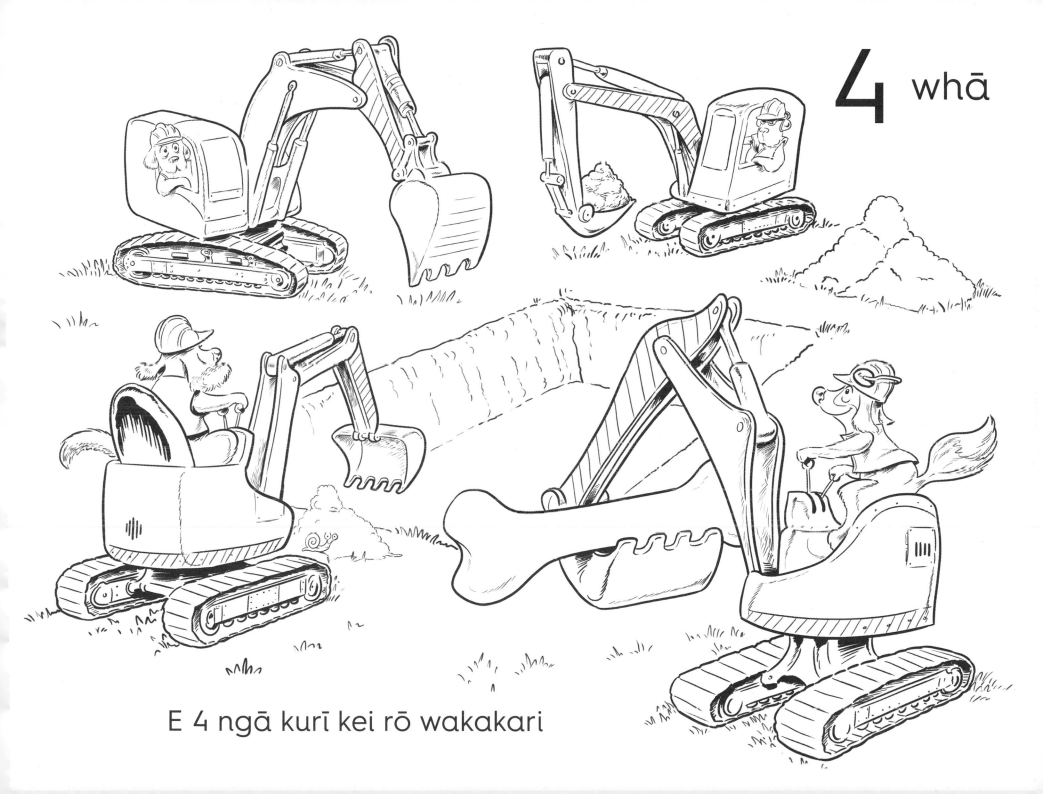

4 whā

E 4 ngā kurī kei rō wakakari

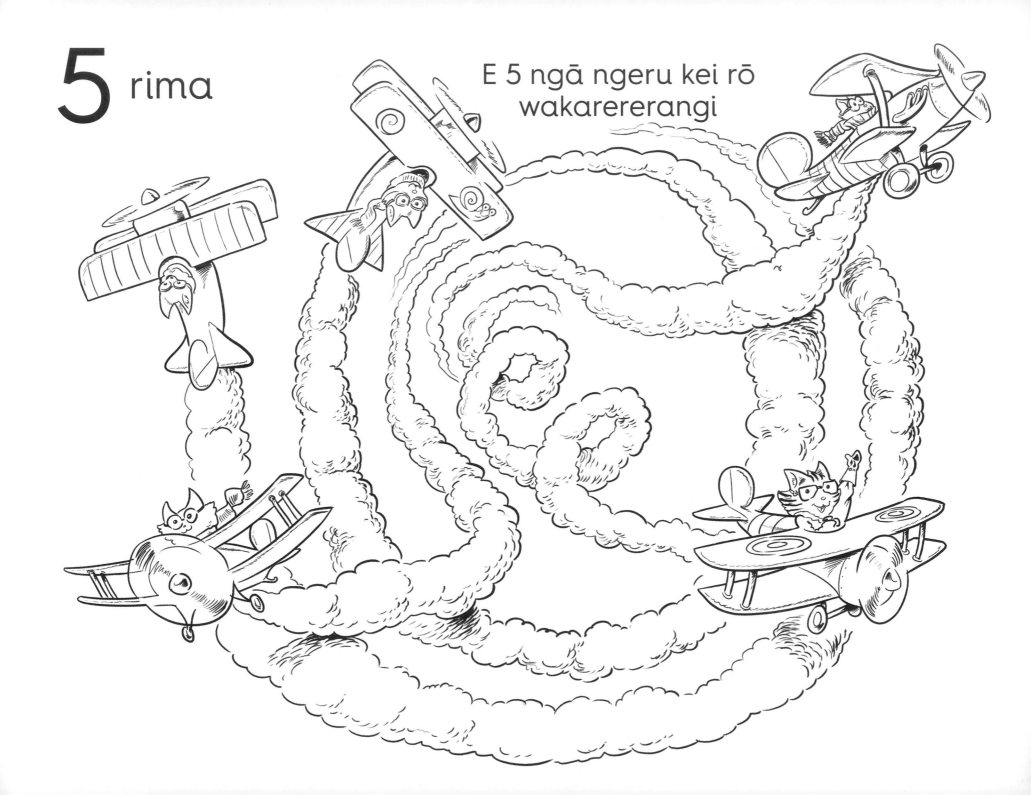

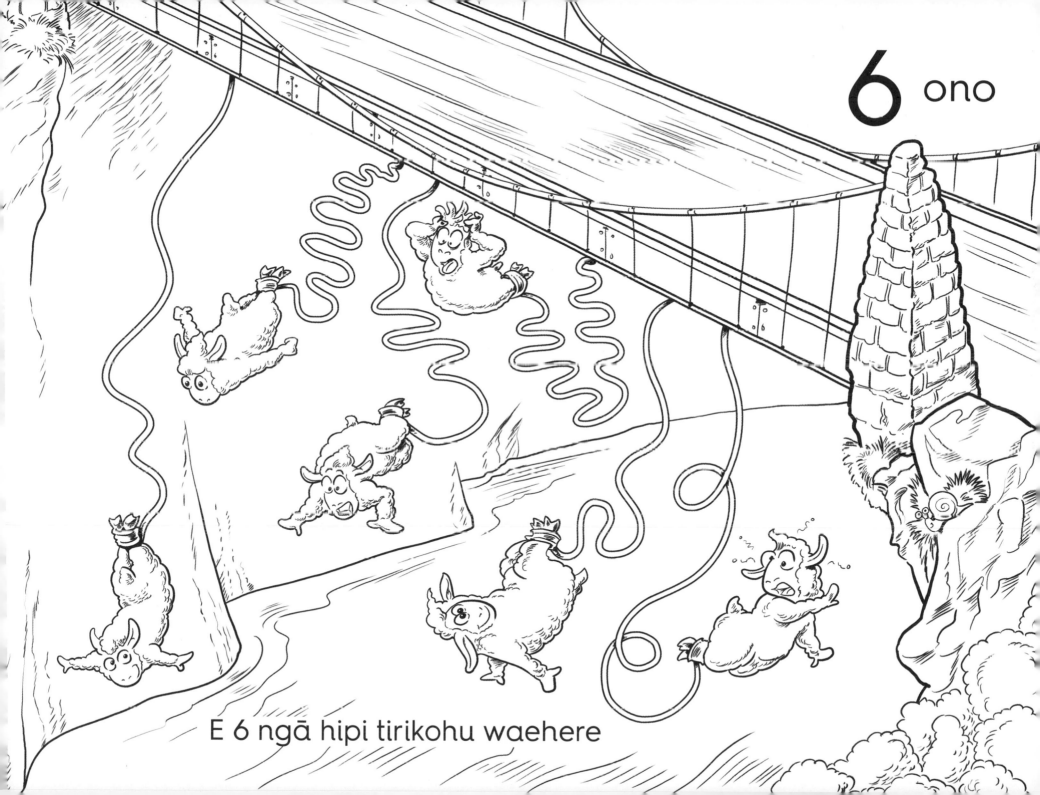

E 6 ngā hipi tirikohu waehere

7 whitu

E 7 ngā aihe popoto

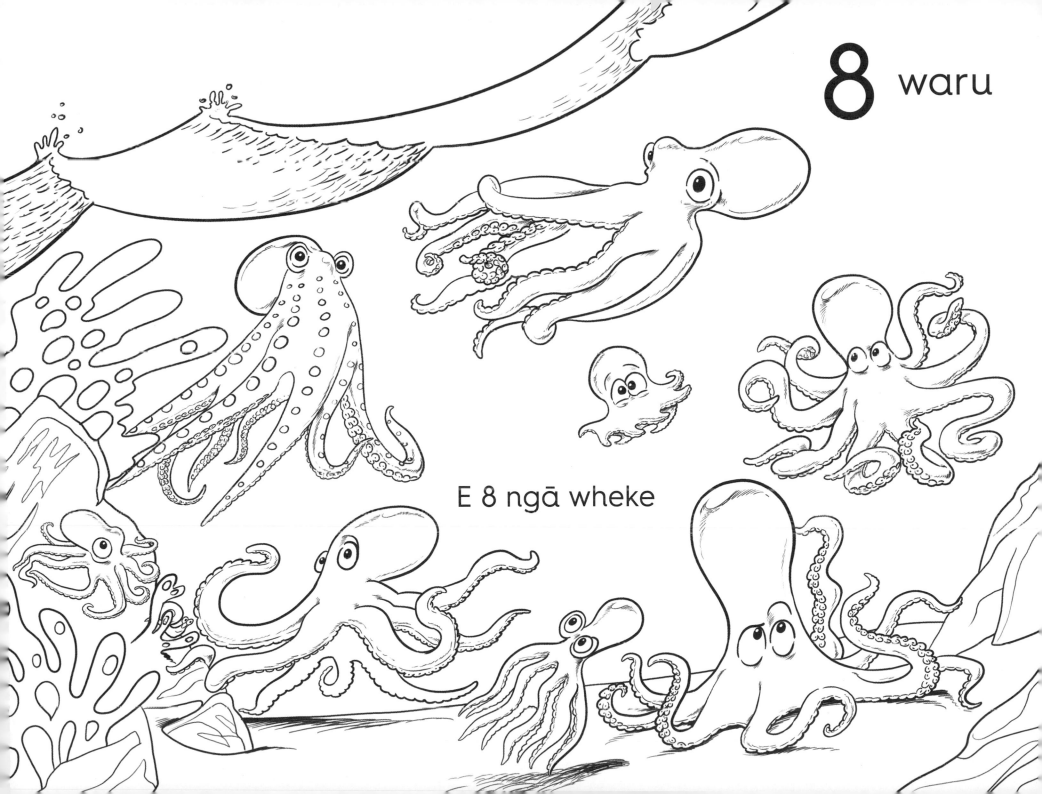

8 waru

E 8 ngā wheke

9 iwa

E 9 ngā tawaki

10 tekau

10 ngā moko-kākāriki
whakatangi rakuraku

11 tekau mā tahi

11 ngā pūrerehua

12 tekau mā rua

12 ngā kotakota

13 tekau mā toru

13 ngā kea
whakatoi

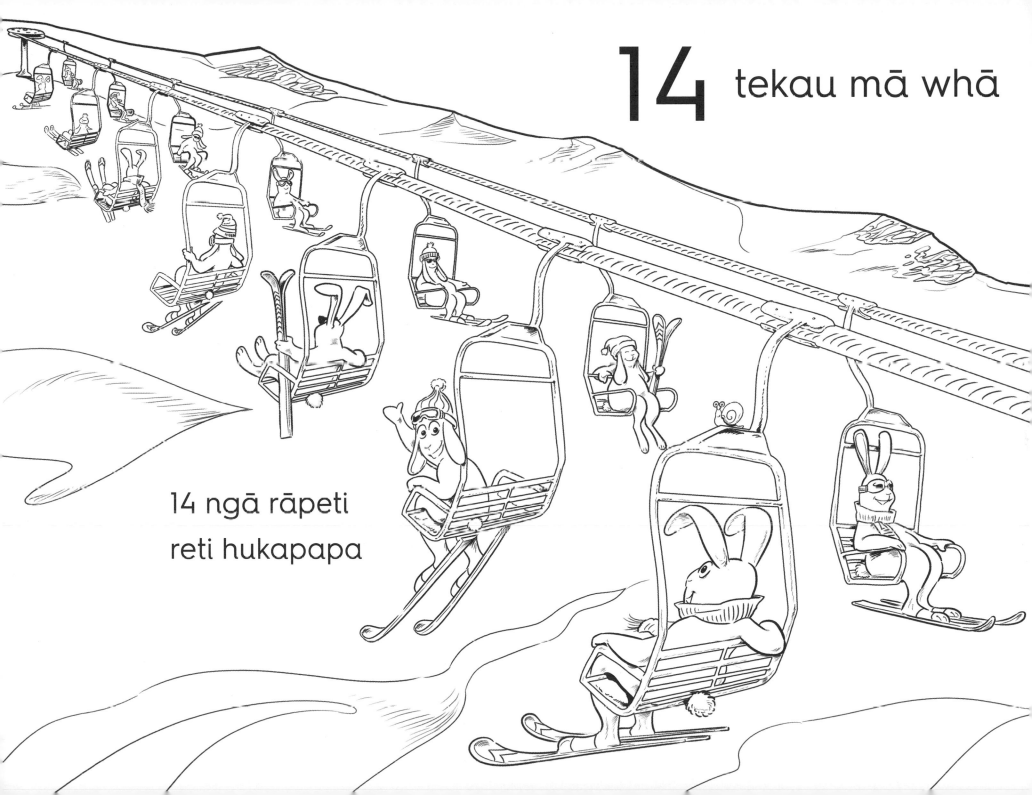

14 tekau mā whā

14 ngā rāpeti
reti hukapapa

15 tekau mā rima

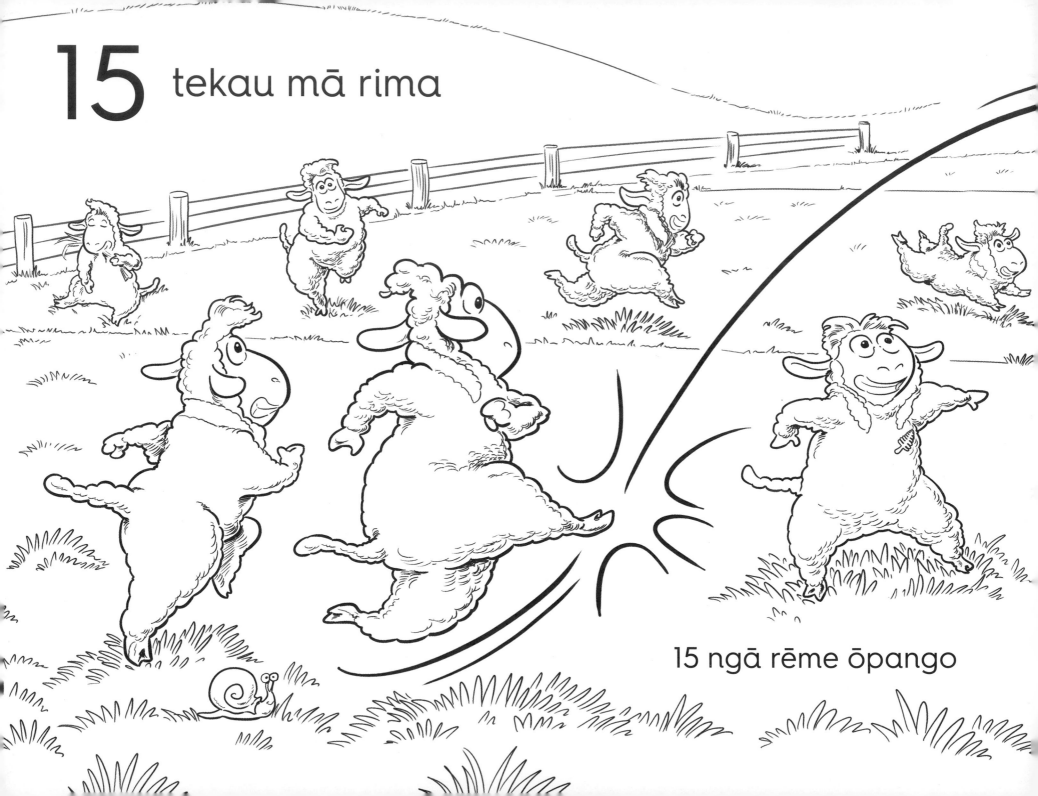

15 ngā rēme ōpango

16 ngā tuna kirirua

17 tekau mā whitu

17 ngā poihau hau wera

18 tekau mā waru

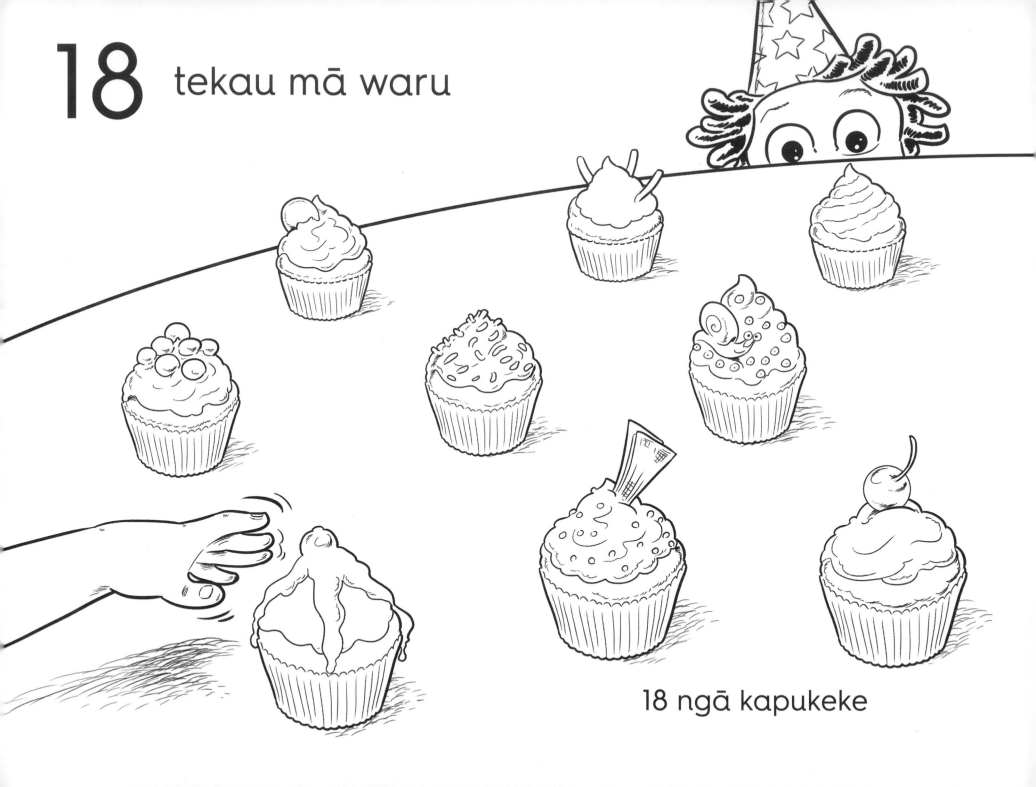

18 ngā kapukeke

19 tekau mā iwa

19 ngā ruru

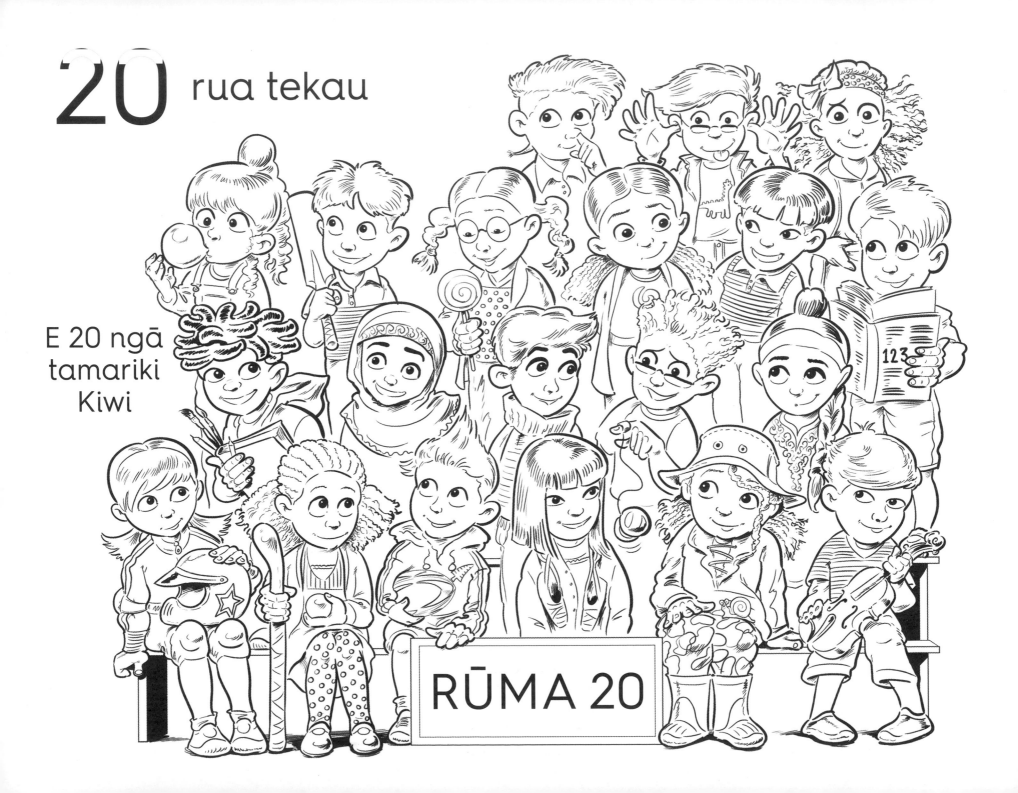

20 rua tekau

E 20 ngā tamariki Kiwi

RŪMA 20